물결

송근호 시집

송근호 시집

물결

생각나눔

나는 멍하니 바라보며 굳어버렸습니다

작가의 말

오래전 나는 발길 따라 무심히 낯선 곳
가파른 언덕길을 올랐습니다
찬바람에 고개 숙인 길가 들풀은
홀로 지쳐가는 이방인 앞으로
좁은 길을 열어주는 듯했습니다

어느덧 도달한 높은 그곳
마침내 마주한 하늘의 울림
코람데오 코람데오
깊이 새겨진 바위
나는 멍하니 바라보며 굳어버렸습니다
나는 멍하니 바라보며 굳어버렸습니다

그리고

굳어버린 내 안의 나를 들여다봅니다
내 안에는 이런 것들이 있더군요
지금도 나는 여전히 굳어있지만
지금도 나는 여전히 떨리지만
나는 내 안의 것들을 사랑합니다

2025년 6월

송근호

차 례

작가의 말 ·5

제1장 순례자의 시선

별	12
광 야	13
숲이 있다	14
그 아이	16
새	18
샘	19
간 극	20
전동차 안에서	22
먼 지	24
비둘기 장례	26
서쪽 발걸음	28
피 리	29
엘리엇의 영토	30
물 결	32

제2장 도시의 단면들

선장님	36
소 파	38
다른 언어	40
밤의 정령	42
회색 숲	44
새에게 다가가 보라	46
비가을	47
벚꽃 벚꽃	48
수 조	50
중 환	52
정 상	54
산 속	56
언어유희	58
소 년*	60

제3장 애틋한 삶의 자리

바 늘 64

플랫폼 66

생트빅투아르 산에는 나무가 없다 68

서 있는 가을 69

네모인 70

목 마 72

대추즙 74

아 낙 76

와 인 78

침 묵 80

꽃무릇 84

잡다함의 원천 86

은자샵 88

프리지아 90

보름달 92

제4장 시인의 언어

시	96
독도	97
가면	98
기둥	100
홍시	102
안개 정사	104
낙엽	106
피서	108
스아	110
무제	111
무제 1	112
무제 2	113
무제 3	114
무제 4	115
무제 5	116

제1장

순례자의 시선

별

혼신의 밀도
파아란 불꽃되어
하늘로 하늘로 솟아
그곳에서 타오르나요

아무도 닿지 않은
백합화 하얀 숨결
하늘로 하늘로 올라
천상의 향기 되었나요

참회의 간절함이
하늘에 닿은 순례자의 기도는
밤의 세상을 비추는
황금 등대인가요

아무도 모르게
누구도 알 수 없게
별이 되는 그 무엇은
하늘만이 아는 비밀의 천현
사막에 떨어진
별똥별 한 조각을 찾아 나선다

광 야

나 다시 그곳으로 바람 서슬한
인적 없는 돌무더기 메마른 하늘
세미한 소리 들려 귀 세워 보면
내 목소리 내 한숨 내 이야기들

가다듬은 목소리는 얄팍함의 껍데기
갈라진 한숨은 비관의 애처로운 전주
그럴듯한 이야기는 진실 밖 검은 토설
광야에 묻고 또 묻은 이 모든 허위가
마지막인 줄 알았는데

어느새 참회한 순례자의 모습으로
신성한 성지인 양 역마길을 다니며
여기저기 퇴색흔적 하나둘 달고
또다시 무릎으로 찾아온 해 질 녘 광야

우두커니 돌턱에 앉아있을 때
여전히 들려오는 세미한 소리

숲이 있다

숲이 있다
라단조 숲이 있다
나는 그 숲을 달린다

바람이 내 안에 들어와
실핏줄 손끝에 머물러
지나는 바람에 손을 대어보면
서쪽 이야기를 만질 수 있다

걸어가는 두 연인의 애틋한 밀어는
찬 바람 한 줄기를 녹이고
미지의 길을 가야 하는
그들의 낯선 선택에
연민의 온기를 더해본다

자작나무 곧게 뻗은 하얀 몸에는
지긋이 나를 보는 회색 눈동자
수많은 눈으로 모든 것을 응시하지만
무표정한 그대는 숲의 수호신

지나가는 바람도 경의를 표한다

꼬마 아이가
바람에 날리는 엄마의 머릿결에
들꽃 하나를 말없이 꽂아준다
휘바람에 서있는
아이를 꼬옥 안아주는
엄마의 눈엔 호수가 있다

이제 난 멈추어야 한다
지난 십 년을 달릴 때마다
내 호흡을 받아주었던 라단조 숲
떠나야 한다

나도 엄마라고 부르고 싶다
바람이 만드는 숲의 노래 엄마의 애가
조금 슬픈 라단조 노래를 내 가슴에 담는다

바람이 내 이야기를 서쪽으로 실어 간다

그 아이

나타샤의 미소에는 진실이 있어
아이가 웃는다 까르르르
모래성을 쌓던 작은 손에는
봉숭아 물이 들어있고
어쩌면 그 아이가
날 좋아할지도 모른다는 생각에
어젯밤엔 잠을 못 잤어

사랑초 화분은 절대 시들지 않아
고개를 떨구고 있다고 꼭 슬퍼하는 건 아니야
잠자리 날개를 그리다 잠이 들면
어느새 날아가곤 하지
파르르르 파르르르
다 그리지도 않았는데…

친구가 놀러 왔다
우린 호밀밭 어딘가를 달려가고
거기엔 또 다른 친구가 있지
그렇게 다섯 명쯤 모이면

아이가 웃는다 까르르르 까르르르

좋아하는 그 아이
난 그냥 띌 뜻이 기쁘다
달린다 달려간다 까르르르 까르르르
저기 호밀밭의 파수꾼이 서 있다

새

뒷마당 하얀 줄
새 한 마리 날아와
흔들 흔들 흔들

바람 불어 새는 떠나도
상여줄 혼자서
흔들 흔들 흔들

하얀 새로 찾아와
바람 되어 떠나야 하는
그대 머나먼 이별도
흔들 흔들 흔들

샘

태산준령 작은 샘
비 온 뒤 넘친 물
이름 모를 초목 짐승
목마름을 적시고

돌아돌아 흐르는 길
한 움큼씩 비우는
객들의 타는 목은
갈급함이 여전해라

마지막 한 모금도
바위틈 이끼 주고
한 방울은 눈물로
사라질 순간

새벽달 비추인
이슬 하나가
달빛 오른 친구들
불러 모으니

태산준령
그대로 샘이 되었네

간 극

불혹에도 허리는 여전히 꼿꼿하다
꼿꼿하다 못해 마치 용이라도 된 듯
손에는 여의주를 움키고
하늘을 향해 두어 번 솟음질을 한다

불혹을 지나 지천명이 되어서야
하늘을 향한 되도 않는 솟음질이
가당치도 않음을 알게 되고
오히려 하늘에서 내려오는 천명이
꼿꼿한 허리를 꺾어버린다

그리하여 한세월을 돌아온 이순에 서면
산야의 지평과 발아래 대지가 눈 안에 들어오고
굽은 허리를 더 구부려 천천히 흙을 만져보다
여의주 움켰던 그 손에 흙 한 줌을 담아보는데

흙 내음…
그윽하고 부드럽게 온몸으로 스며든다
아~ 이리 좋았던가? 이리도 편안했던가?

애써 고개를 젖혀 하늘을 바라보니
'바로 너야'라는 염화미소가 흐른다

대지와의 간극을 좁혀가는 인생 여정
황토 무덤과 산 자의 간극도 그리 멀지 않은데…
순례 중인 흙바람 한 점이 느리게 느리게
추모하는 사람들 사이를 스쳐 지나간다

전동차 안에서

전동차 안에서
바람으로 들이키는 냄새는
향수와 악취 그리고
다음 정거장의 기대치다

바람 안에 층층이 쌓인
분명히 다른 그것들이
투명 망토에 쌓인 듯
스스로를 뽐낸다거나
수치감을 느낀다거나 하는 따위는
예 진작에 있을 수가 없다

여인의 향수와
노파의 악취는
어차피 생존의 본질을 벗어나지 않는
같은 절댓값을 내포하고 있다

그리고 다음 정거장에서
난 어떤 마법사가 나타나서

노파의 저주를 풀어줄지도 모른다는
확률 제로인 기대치를 그 짧은 순간에 하였고
저 독한 향수가 뿜어져 나오는
여자의 과거를 상상해보며
어쩌면 나와도 세 번쯤 링크시키면
한 번의 인사 정도는 했겠구나
하는 미친 생각을 해본다

다음 정거장을 알리는 중국어 멘트가
유난히 크게 들렸던 것이
이 모든 환영의 단초임을 알게 되면서
그 잘난 이중문이 열릴 때
난 앞사람이 가린 문 쪽으로
머리를 빼꼼히 늘어뜨려 본다

먼 지

내가 왜
먼지가 되었는지는 모르지만
온기 있는 유기물인 걸로 보아
화장한 유골의 티끌

편서풍을 타고 그저 공중을 떠다니는
부질없고 존재감 없는 나로서는
한가지 기억 말고는
판단이나 논리 등에 턱도 없는
nothing으로 봐야 하는 처지

그러다 가끔 내 이름 빗대어
인생의 덧없음을 노래하는
감성 도구로 쓰임 받는 것이
그나마 가장 현저한 돌출
'더스트 인 더 윈드'라나 뭐라나…

그럼에도 내게는 쓰임새가 있어
내 몸에 부딪히는 늦은 햇빛 산란으로

서쪽 하늘 물들이는 저녁노을과
수증기 모아 모아
투명 빗방울 내려보내는
nothing인 내가 할 수 있는
something 예쁜 짓

요즘 중금속 미세한 애들 때문에
설 자리 없는 초라한 nothing이지만
오늘도 홀로된 여인의 하늘 남편 그리움을 위해
아니 나의 사랑 그녀를 위해
또다시 바알간 노을을 던져보는 저녁
오늘 밤 여인의 시는 밤비로 젖으려나

비둘기 장례

네온에 물든
빨간 눈만 동그란 채

짙은 아스팔트
색 바랜 비둘기가
비틀거린다

쓰디쓴 동냥질
마른 날개 굳어
날지 못하고
죽어가는 정오

뜨거운 태양 아래
번제의 제물로
산화되어
이데아를 찾아가는
고통과 환희의 절규

그 마지막 그을음에

스스로 날개를 펴고
한 종지
몸을 감싸는
성스러운 장례

아스팔트 칠성판에
몸을 눕힌다

서쪽 발걸음

어느덧 지나온 길에 미련이 없었다면
살아온 인연들 떠오르지 않았겠지만
내딛는 발걸음이 이리도 무거운 것은
남기지 말았어야 하는 한 줌 시린 정이
천륜의 실타래에서 풀어지는 까닭인가

스치는 정인도 하늘이 보살핀 인연인데
하늘이 내린 인연이야 더할 나위 있을까
서쪽 하늘 바라보며 남긴 정을 뒤로할 때
붉게 물든 서산마루 흐드러진 노을빛이
따라온 내 그림자마저 무심하게 녹인다

피 리

아디오스 케나가
피리를 만드네
엘 콘도르 파사

슬픈 케나는
피리를 부네
엘 콘도르 파사

피리가 우네
아버지가 우네
엘 콘도르 파사

산 위에 케나가
아버지를 부네
엘 콘도르 엘 콘도르
엘 콘도르 파사

멀리멀리
안데스에 퍼지네

엘리엇의 영토

사월이면 우리는
엘리엇의 영토에 들어간다

그곳은
라일락과 탐욕이
뒤엉킨 전장이며
사월은 그 상처로
쓰여진 잔인한 서사이다

탐욕은
무저갱의 불을 지펴
대지를 태우고
나락의 오수를 길러
바다를 더럽힌다

라일락은
그 욕망의 땅을 뚫고
어떤 힘겨운 신탁을
꽃송이에 적어보지만

그녀의 시를
외면하는 우리의 자폐는
멀뚱멀뚱 탐스럽다고만 한다

라일락이 떠난다
올해도 알 수 없는
무언가를 남기고…

우린 여전히
'무언가 잘못되어간다'고
멀뚱멀뚱 되뇌이다
어느새
탐욕의 경주에서 처질 새라

무기력한
엘리엇의 영토를
사정없이 유린한다

물 결

사슴 길 샘 위로
파란 하늘
구름 한 점 내려와
명경지수라

그을린 번민 조각
올려놓으니
스르르 물결 일어
젖은 하늘 가라앉네

놀란 은 빙어가
구름 속으로
몸을 숨기고

나는
하얀 사슴 되어
길 따라 가네

제2장

도시의 단면들

선장님

흔들리는 몸으로
오른쪽 연속 두 번 스텝을 둘 때
그게 설령 약주 한 잔의 힘일지라도
심야, 반백 중년의 오늘 하루 애환과
그래도 아직 마지막 잔은
한 번에 비울 수 있다는 용기 비슷한 것으로
한 가족을 이끄는 선장님의 인생에
마음을 던져본다

반대편 길을 역시
오른쪽 두 번 스텝으로 내딛고 오는
또 한 분의 선장님이
방향키를 약간 놓친 얼큰한 상태에서
기어이 두 분이 인생 울돌목
한가운데서 조우를 할 때

우리의 고독한 선장님들은 학춤을 춘다
소리 없는 장단에 어깨를 들썩이며
오른쪽 느긋이 도는 두 사람의 춤사위는

말씀이 없는 우리 아버지들의
예상치 못함

당신 참 멋있소
그대야말로 춤꾼이구려

말 없는 두 사람의 눈인사와
다시 또 집으로 향하는 오른쪽 두 번 스텝
내일 해장은 어디서 하시려나

소 파

지친 몸 이끌고
집이라 기어들어 오면
심청이 인당수 뛰어들듯
퐁당 몸 던지는
색깔도 짙푸른 바다색이다

방전된 휴대폰 충전기에 꽂히듯
착 붙은 등판으로 경추 요추 받아주면
벌떡 기운 재생되어 어느새 88%

때론 포근히 파묻혀
스르르 잠이 들면
세상도 편한
가죽으로 된 가족
반려가죽

의자도 아닌 것이
침대도 아닌 것이
마누라는 더욱 아닌 것이

늘 뒤에서 말없이 안아주는
암소 한 마리

다른 언어

그곳엔 조금 다른 언어가 있다

그것은 시련의 터널을 지나온
반백의 초로에서 고난의 힘겨움 대신
오늘 저녁 지는 해 아래 가족들과 함께하는
조촐한 저녁상에 감사함을 적어보는
감사의 언어

그곳엔 조금 다른 언어가 있다

그것은 절대 가치로 다가오는 취업 전선에서
세상이 아직 그를 받아주지 않은 현실 아래
오늘도 잠 못 드는 허름한 숙소에서
먼지 쌓인 릴케를 열어 외로움을 달래 보는 한 소절
위로의 언어

그곳엔 조금 다른 언어가 있다

그것은 거센 비바람에서도

한 송이 작은 들꽃이 피고 지는 계절의 파도와
그 꽃잎에 담긴 꽃보다 아름다운 꽃을 그리며
이 모든 것을 품고 있는 생명의 대지를 노래하는
환희의 언어

그곳엔 조금 다른 언어가 있다

그것은 수많은 우여곡절의 인생에서
누구보다 파란만장한 그의 이야기가 있지만
그저 타인의 그것에 자신을 비추어보는
침묵의 언어

조금 다른 이 언어는 글로 배우는 것이 아닌
켜켜이 쌓아온 희로애락의 나이테에서
나도 모르게 배우는 한 편의 시 한 줌의 인내

푸른 시인의 붉은 심장에는 조금 다른 언어가 있다

밤의 정령

터벅터벅 늦은 귀갓길에서
밤의 정령이 마중 나온다
오늘따라 유난히 날 반기는 그대는
마치 내 이야기를 기다린 듯하다

인적없는 깊은 밤 기다려줘 고맙지만
세상 번민 내 사연은 묻지 말았으면…
내 마음 깊은 곳 무의식의 안개 춤을
그대의 등불에 들키고 싶진 않아

오늘 밤도 나는 조금 슬픈 발자국으로
그대 정령은빛 한 스푼 담아가지만
정작 가로등 너는 아는지 모르는지
그저 내 뒷모습을 물끄러미 바라본다

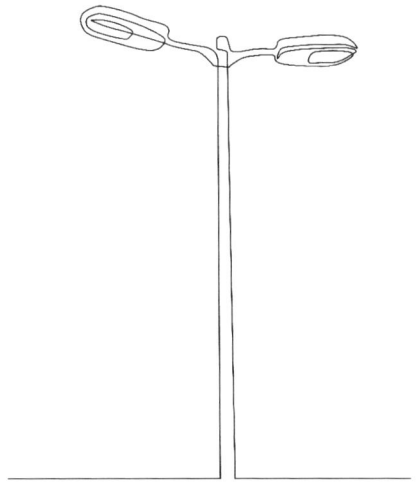

회색 숲

서쪽 도시에 바람이 멈춘다
곧게 뻗은 회색 길 좌우로
높게 솟은 아파트는 데칼코마니

바람이 그 벽에 부딪혀 맥을 못 추는데
공중에 매달린 집 한 채에 가격을 매기는
도시의 마술은 신의 경지다

바람도 자작나무도 연인의 밀어도 없는
이곳을 사람들은 콘크리트 숲이라 부르며
여기저기 휘날리는 지폐를 잡으려 팔을 뻗는다

땅속 지하철에서 콘크리트 꼭대기를
삼분 만에 오르는 세상도 편리한 이곳이지만
정형외과엔 무릎 연골이 닳은 환자들이 가득
뜨거운 담요를 덮고 있다

바람은 사방의 이야기를 연신 실어 오지만
낙엽 되어 떨어지는 한 편의 시는

콘크리트 숲에 누운 작은 물고기
물청소 차가 지날 때에서야 한 번 더 파닥거린다

내일부턴 마리오넷 목각인형이 되어
콘크리트 숲을 배회하다 대출광고 전단지로
물고기 한 마리를 덮어주고
나도 허공으로 팔을 길게 뻗어야 한다

새에게 다가가 보라

숲 속
새에게 다가가 보라
날아가지 않는 거리만큼
새가 되어가는 것

새에게 다가가 보라
날아가지 않는 간격만큼
샘물로 솟아나는 것

새에게 다가가 보라
날아가지 않는 간극만큼
포도나무로 익어가는 것

하물며 새가 다가온다면
그는 이미 숲이 된 것을
나무 향기 가득한 숲이 된 것을

마지막 도요새와
나무늘보와 꿀벌의 숲이 된 것을

비가을

주루룩 빗줄기 멈추어버린
은 햇살 눈이 부신 한적한 오후
'아~ 눈부셔' 그녀의 가을 감탄사
창밖에 다가선 수트 핏 신사

온화한 미소명도, 중후한 가을채도
부드러운 카리스마까지
내가 더 반해버린 중 저음 산란
그 빛에 숨겨진 비의 소나타

올해도 비가을 산들에는
수채화 물들인
야외 기획전이 시작되는데
입장료도 큐레이터도 연령제한도
그리고 만지지 말라는 문구도 없다

벚꽃 벚꽃

윤중로 벚꽃
구순 노인의 감탄사는
예나 지금이나
아~ 친구 왔는가

서럽도록 배곯은
외톨 아이는
동산에 누워
눈물 꾸욱 삭이고

얼굴 위로 떨어지는
산 벚꽃의 군무와
더 서러운 석양은
왜 그리도 찬란한 건지…

우리 살아 또 만나자
그 약속 지켜준
꽃이여 벗이여 벚꽃이여
고마워라

윤중로 벚꽃
노인 앞에 찬란한
산 벚꽃의 군무는
예나 지금이나
아~ 친구 왔는가

수 조

고밀도 순환 여과
뱀장어가 빙글빙글 돈다

나도 지하철 2호선
고밀도 전차를 타고 덜컹덜컹 돈다
방향은 2호선이 결정하는 것이다

검은 창에 비추인
빼곡한 사람들의 무호흡은
어두운 수조에서 고갈된
숨 가쁜 용존산소

수조에서
한 마리가 철퍼덕 뛰쳐나온다
OB는 치명적
5분이 지나면 아가미는 닫힌다

조금만 참자
한 바퀴 마저 돌고 그때 생각하자

그렇게 빙글빙글 뱅글뱅글
2호선 수조에서 물비린내가 나고

기어이 뱀장어는 고개를 숙인다
차라리 OB가 난다면
뮤신의 몸통은 흙바닥을 헤엄치고
영혼은 순례의 강을 따라가리라

나는 바다 내음을 잘 알고 있다
태평양은 내가 태어난 곳이다

중 환

곡기가 끊겨선 안 되는
전동침대 상차림에
하얀 병실은 잔칫집이다

호흡이 끊겨선 안 되는
카테터 풀무질에
진한 산소가 배어들고

따끔합니다 라는
하얀 요정의 주문이
사랑합니다로 들리는 것은

눈 감은 와상의 내일을
일으켜 세우는
희망의 주사이기에

부끄럼 무릅쓰고 맡기는
배변의 가치는 살아내려는
중환의 처절한 흔적

이렇게까지 하는 것은
이렇게 해야만 하는 것은
우리는 원래
벌거벗은 자들이었기에
사랑하는 자들이었기에

정 상

여기서 잠시만 기다려
나 얼른 정상에 갔다 올께

그리고 내려오지 않던 그가
희끗희끗 반백이 되어
휘청휘청 풀린 다리로
자그마한 산에서 내려온다

-정상은 어땠어?
…

-왜 이리 오래 걸린 거야?
…

-뭘 보긴 한 거야?
응 보았지

-무엇이 있던가?
성이 있더군

높은 성이 있더군
아무도 못 오르는 높은 성이 있더군

-그럼 내려오지 그랬어?
아니, 나도 그 옆에 성을 쌓았지
아무도 못 오르게 성을 쌓았지
모두가 바벨의 성을 쌓았지

-정상을 갔다 오긴 한 건가?
정상은 없어
정상은 원래부터 없었어
정상은 흔한 관념일 뿐이야

도대체 무슨 소리야?
여기서 잠시만 기다려
나 얼른 정상에 갔다 올게

산 속

사피니아 송이를 들고 산에 가본다
꽃자주 예쁨이 초록에 물드는
탁월한 자태가 빗속에서 몽연한데

계속되는 강우 속
산 아래 반지하 누군가는
쉰밥을 먹어도 탈이 안 난다는
사회복지사의 말이 문득 생각난다

축축한 곳 깊은 곳
고목이 되어
고목이 되어
썩어 문드러진 고목이 되어
낯선 향기가 하얀 비를 적신다

사향
축축할수록 퍼져가는…
썩어 문드러진 그다음의 그것

사피니아 심은 곳에 가본다
빗속에 온데간데없는
관상용의 비애는
사향 내에 녹아버린 선홍빛 꽃물

고목은 여전히 폭우에 서서
그윽한 향기를 내고…
한 이만 번의 죽임 앞에서
그냥 조금씩 죽어주던

그 고목은
사향을 깊은 산에만 두고
하얀 폭우에서야 향을 지핀다

언어유희

밤의 정적은
게으른 우뇌를 깨우곤 한다

한낮에 익숙한 단어들이 사라지고
생소한 언어들이 손끝으로 내려오면
샤갈의 작 '생일'도 낯설지가 않다
오히려 그들의 키스는 로맨틱하다

새 언어에 몰입한 나는
3과 7사이라는 어설픈 연금술로
수사의 욕망과 절제의 경계를 애써 찾는다
비록 불완전한 조탁이지만
내 안의 퍼즐 한 조각이 맞춰지는 선명함이 있다

잠시 후 새 언어들은 나의 벗이 되고
우린 서로의 내재 리듬을 함께 즐기려는데
밤의 지배자, 잠이 찾아와 우리의 리듬을 멈춰 세운다
어쩌면 그는 내 안의 나를 들켜버린
수치심의 저항일지도 모른다

아쉽지만 모든 것을 내려놓을 시간
그래도 나는 오늘의 언어유희를 계속하기 위하여
지배자의 눈을 피해 어느새 언어가 되어 있는
꿈속 나 자신을 초독하며 혼자 즐거워한다

소 년*

어린 시절 설익은
심상을 뒤로하고
무지개 끝 향하여
현실을 계산하며

눈앞에 펼쳐지는
요란함을 휘감아
지금까지 여기까지
다다른 이 순간

어렴풋이 떠오르는
가슴 깊은 행복은
다름 아닌 그때 그
그 소년의 이야기

이런…
돌아돌아
도착한 곳은
소년이 떠난 곳

연기처럼 사라진 너
하염없이 서 있는 나
영원히, 정말 영원히
볼 수 없는 그리움만이

* 고 박노수 화백을 추모하며…

제3장

애틋한 삶의 자리

바 늘

간신히
바늘귀에 넣은 실이
청색인 것을…

이마에 안경이 걸리고서야
중얼대는 궁색한 변명
검정이나 청이나…

뜯어진 바짓단을 들고
첫 바늘을 폭
아이얏~
아파서 한 방울
슬퍼서 한 방울

젊은 바늘이의 당돌함이
낡은 바짓단 보다
더 낡아져 가는 주말 오후를
콕 찌르는데

베란다 햇살 아래
잠자는 겨울 냥이 꿈속에서
나는 낭만 고양이
나는 낭만 고양이
멋진 바다로 홀로 떠난다

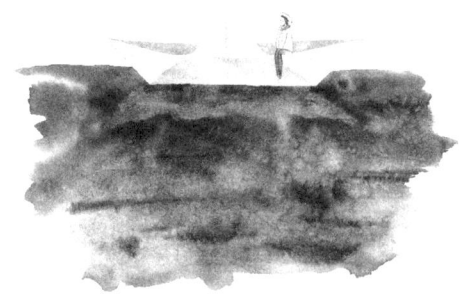

플랫폼

카테고리킬러의지배를넘어카테고리간의싸움이치열하다
주체라는착각에빠진사람들은이미소외된잉여가되었고큰
싸움을앞둔지배자들은중앙을독점하며쓸데없는동정은패
배그자체임을알고있다카테고리를꿰뚫은중앙의지배자소
셜플랫폼그는과거를추방하여시장을선점하고현재를장악
하여국가를넘나든다그는사
람이있는곳에반듯한구조물
을설치하고가치관과규칙을
정한후인증을요구한다마주
앉은사람조차도그에게머리
를숙이고플랫폼안에서의견
을교환하며상대방의모습을
그안에서확인한다그의방식
을무시하거나애매한입장의
부적응자들이뿌리없는나무
처럼서있다각자의고유함은인정되지않으며시선을잃는다
하나의플랫폼과다수의잉여넓은도로엔그의차만이다닌다
잉여들을못다니게해서가아니며굳이어딘가를가야할이유
가사라져간다다수의잉여는그와대적할수가없다지배자의
권위또는공포때문이아니라그실체가보이지않기때문이다

그는 사회적이라는 명분으로 분산되었고
원형은 처음부터 존재하지 않았다
우리를 지배하는 그가 다름 아닌 우리의 결합이라는 것
그와 대적하기 위해선 우리가 우리와 싸워야 한다
우리는 분명히 지배당하고 그로 인해 잉여가 되어가는데
그 지배자가 바로 우리라는 것
우리와 싸우는 우리의 눈동자는 늘 흔들거린다

생트빅투아르 산에는 나무가 없다

생트빅투아르 산에는 나무가 없다
대신 그 안에는 심장 하나가 있어
산과 골짜기, 오솔길 들풀, 마을과 집
심지어는 높은 하늘과 숨 쉬는 공기에도
심장에서 뿜어지는 황록의 피가 흐른다

그 뜨거운 피는 모든 것을 관통하며
온 사물을 하나의 황록 덩어리로 물들인다
덩어리는 견고해지고 흔들림이 없기에
빛의 간섭과 기교의 매너리즘을 멈추게 한다

한참을 지나 잠에서 깨어나듯
단단한 덩어리는 해체되기 시작하고
나무만이 아닌
집도 마을도 오솔길 들풀도
하나씩 사라지며
형의 본질로 환원되는 원시 큐브가 탄생한다

생트빅투아르 산에는 나무가 없다
오직 세잔이라는 영원한 심장이 있다

서 있는 가을

늦가을 햇살이 흐드러진
오후의 광장에

굴렁쇠를 몰고 가는 소녀와
나무 한 그루

딸그랑 딸그랑 툭 툭
맑은 가을 소리

황금빛 햇살과
굴렁쇠 소리와
나무 향기가

나를
내 몸을
흙인 내 몸을

관통할 때
공기처럼 관통할 때에

나도 서 있는 가을이 된다
나무가 나를 안아준다

네모인

네모난 차
네모 엘리베이터
네모난 모니터 전원을 켜면
오늘이 시작된다

네모난 종이를 뒤적거리며
네모니터 안으로 구겨 넣는데
네모난 경고가 뜬다
네모칸 채울 것

늦은 밤 귀갓길
네모난 문 하나를 열고 들어가면
동그란 벽시계가 유난스런 네모 전시장
식탁 위 밥솥조차 어정쩡한 네모라니…

어느새 네모 침대, 스르르 눈 감기는데
문득 스쳐 가는 글 한 자락 있어
머리맡 작은 네모를 슬며시 집어 든다

' 오늘도
 세모난 세상에
 네모난 마음으로
 달그락달그락
 살다 보면

 울퉁불퉁해진
 우리네 인생
   ….'

내 안엔
네모가 있어
네모나게 살아가는
나는 호모스퀘어쿠스, 네모인이다

목 마

거리에 서면
내일을 가야 하는 학생의 동그란 눈
실적에 흔들 회사원의 무거운 걸음
공사장 일용직 불 쬐는 아저씨의 낮술 모의
급식소 앞에서 서성이는 반백의 처진 어깨
찬 바닥에 누운 늙은 노숙인의 눈 감은 침묵

목마는 어느새 다음 거리로 나를 보내고
낯익은 그곳에는 사람들이 순환되어 있다

내일을 가야 하는 늙은 노숙인의 동그란 눈
실적에 흔들 학생의 무거운 걸음
공사장 일용직 불 쬐는 회사원의 낮술 모의
급식소 앞에서 서성이는 아저씨의 처진 어깨
찬 바닥에 누운 반백의 눈 감은 침묵

그렇게 우리는
simulacre라는
복제된 목마를 타고

오늘도
동그란 길을
전진한다

대추즙

산도라지 배즙을 귀하게 얻어
기관지가 안 좋으신 어머니께
서둘러가는 차 안 뒷좌석엔
불초자의 죄송함도 함께 실린다

자식…
어떤 인연이기에
그토록 쇠한 몸이 되어서도
끝없이 부으시는 내리사랑은
아가페의 숨결과 가장 가까운
일관된 순전함의 화수분이라

배즙은 내렸으나
죄송함은 차마 못 내리고 자리에 둔 채
어영부영 돌아가려 나서는데
대추즙 꾸러미를 내미시는 어머니
스트레스 조심해라

돌아오는 차 안 뒷좌석 그 자리엔

내리사랑 그대로 놓여있어
남겨둔 불초의 죄송함 마저 품어 녹이는
온기가 가득하다

어머니시여
아버이시여
사랑의 시작과
사랑의 끝에 서 있는 이시여

아 낙

아무도 오지 않는데
먼 산만 바로 본다
잔치국수 육개장

덥지도 않은데
부채질만 하는 아낙이다
잔치국수 육개장

항구로 간 아들의 무소식은
이방인의 외로운 유랑
둘째 딸 에레나는
비닐장판 딱정벌레 친구다
잔치국수 육개장

거리를 지나는 사람들
다 모아도 잔치를 할 수 없는
외진 그늘 하루 삶이
잔치국수 육개장
낮술에 흔들리는

건달 남편의 맘속엔
부처의 해탈까지
근거 없는 자신감으로
갈 수도 있었지만
마지막 이프로 부족은
사내의 콘텐츠를 만드는
삶의 데코레이션이다
잔치국수 육개장

차라리 그가 마신 낮 소주놈을
한 컵 들이킨 아낙의
아련한 단곡조가
포장마차 너머로
애간장을 녹이는 애매한 저녁

낡은 빗소리에
춤이라도 추어야 하나
잔치국수 육개장
아낙은 여전히 먼 산만 바라본다

와 인

(1) 화이트

너 맑은 투명 은빛깔은 내 눈을 황홀케 해
너 산뜻한 그 바디감은 내 혀를 반하게 해
너와 함께하는 벗들의 즐거운 이야기들
너의 열정 너의 마법 흥에 겨운 보사노바
나이 찬 내 벗들마저 청년 되어 고백하는
우리들 사랑의 풍미
다시 불러보는 그 날의 세레나데

(2) 레드

그때 그 붉은
눈길조차 닿지 않은
그 와인 오늘 밤 왕의 마음 위로하네
6$ 레전드 오브 킹 노쇠한 왕의 술이여
세월이 흘러 권좌는 무너졌으나
풍파와 시련에도 그 자리를 지키고
한 세월을 기다려

마침내 술잔으로 흐르는 그대
스러진 권위에 그 풍미 아름답구나

침 묵

도시에는 시끄러운 침묵이 있다
숨찬 도로를 지배하는 굉음들이
울림판 건물들 사이에 한가득해도
조여드는 그 빼곡한 회색 밀도에
신경질적으로 갇혀있어야 하는
그 강요된 침묵의 냉기를 넘어설 수 없는
도시는 비닐에 쌓인 회색 범의 포효다

건물에는 무채색 침묵이 있다
누군가 그어놓은 명확한 구획 안에서
평당 뽑아야 하는 목표가를 위해
공간 안에 집어넣은 집기들과
고객이라 불리는 자들이 뒤섞여 있고
그 가성비의 빼곡한 밀도는
그림자마저 밀어내는 회전율을 올려
객단가만 어른거리는 무채색 덩어리다

방안에는 디지털 침묵이 있다
하루 종일 기기들에서 흐르는 0과 1로 된 신호는

마치 화성인의 알 수 없는 메시지
그 가득 찬 디지털 밀도에서
금붕어가 지배하는 어항 수초가
화성보다 더 숨 막히는 구조요청을 해도
먹이 떨어지는 작은 알갱이 소리만 못하다

나에겐 불가항의 침묵이 있다
관계를 위한 관계의 깨진 파편이
내 몸과 생각의 무기력을 강제할 때
삼십만 번의 뇌의 진동에서 나오는
세 마디 정도의 어정쩡한 목소리
그마저 시답지 않은 암연이거늘
그 날카로운 파편의 밀도는
내 침묵의 변명거리로 충분하다

건물을 포위하는 도시의 밀도
방안을 조여드는 빼곡한 건물
나의 정지가 덩그러니 놓인 방안
그 겹겹의 구조적 압박에서

침묵의 저항 말고
아니 침묵의 무저항 말고
무엇이 있겠는가?

시멘트 바닥이 제집인 양하는
광장 비둘기의 해방된 구구 소리가
그 가증스런 목선만큼이나
비열하게 들린다

꽃무릇

스치는
가을바람
꽃무릇에 반하여

먼 산 돌아와
다시 스치면
꽃잎 하나 말없이
떨어집니다

흔들흔들 한잎 두잎
낙화별리 님은 안 오고
법사의 독경만 깊어

그렇게 꽃도
산사의 가을도
나의 전지적 응시도
시들어가는데

또다시 찾아온

갈바람 시린 한줄기
두리번거리다

꽃대만 남은
상사화 뒤로하고
먼 산 넘어
무심히 사라집니다

잡다함의 원천

신념이라는 무게만큼
땀에 배인 성취물로
나를 채우다 채우다

이게 아닌데라는
의문에서 시작해서
모조리 비우려고 할 때

금과옥조는 차라리 내려놓아도
번뇌의 무게 108그램이 그대로임을
깨닫게 하는 잡다한 것들이
여전히 남아 있음을 알게 된다

망설임… 3g
세상은 말이야… 6g
그래도 희망을 놓지 마… 9g
자연친화적 유기농 음식들의 효능… 14g
현대미술을 한마디로 설명해달라는
시간 없다는 법원 관료들의 팝아트적 요소… 32g

하지만
채움과 비움의 형이상학 대신
생산과 소비의 흐름이라면
잡다한 것이란 내 마음에서 유통되는
내가 선택한 장바구니 리스트
번뇌는 내가 나에게 거는 클레임

딩동~ 택배 왔습니다
인터넷에서 주문한 르네의 모자를 쓰고
거울 안에 새로이 전시되어 있는 나를 보며
관료들이 요구한 현대미술을 설명해본다

현대미술은 쿠팡, 배달됩니다
그 잡다함의 원천은 클릭과 터치… 44g

은자샵

은자샵에
발길이 멈추는 것은
톡톡 튀는 콜라보
쇼윈도 패션

넉넉한 부츠컷 슬랙
민소매 린넨 차이나
감성 나비 한들한들
홍매화는 백리향

커튼이 드리운 밤이 지나 새날이 오면
무심한 듯 아닌 듯 펼쳐진 감성
하늘하늘 원피스
보헤미안 카키룩
지나는 객, 나를 또 즐겁게 하고

시골 읍내 골목길 한적한 은자샵
아무도 입지 않는 비밀의 초의
그 담겨진 해탈의 쇼윈도엔
연두색 햇살만이 분주하게 드나든다

프리지아

탁자에 놓인 플라스틱 조화는
노란 프리지아다

하얀 들국화 바람의 들꽃
척박함에도 꿋꿋한 대지의 생명
하지만 난 그 아이가 살아남을 수 없는
또 하나 멸종의 꽃임을 잘 알고 있다

살아있다는 의미가 소멸되는
그 원형의 마지막 유전자는 다음 세대를 마비시켜
무수히 사라진 생명과 혼돈의 생태계에서
영생의 프리지아는 맹수의 자리와 교체된다

추적추적 회색 비 내리는 어느 날
프리지아가 탁자에 뿌리를 내린다
시간이 갈수록 그 뿌리는 더 견고해지고
그렇게 둘은 프리지아도 탁자도 아닌
새로운 피조물이 되어간다

생태계를 움켜쥔 그들의 광기를
말없이 버티다 무너진 세상
그 비극의 날은 정점을 향해가고
탁자에 놓인 플라스틱 조화는
하얀 들국화다

보름달

오늘도
세모난 세상에
네모난 마음으로
달그락달그락
살다 보면

울퉁불퉁해진
우리네 인생

어느새
그믐에 깊어
십오야를 채우는
엄마 같은 둥근 달이

세모와 네모를
달품에 안고
토닥토닥 달래이면

우리네 인생도
둥그러지려 하네

제4장

시인의 언어

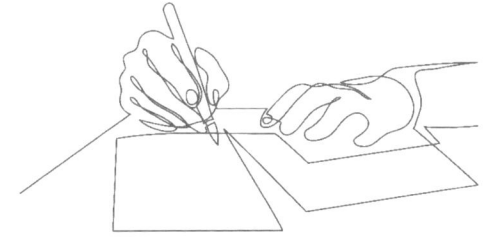

시

세월에 드리운
오욕의 솟음질을
퇴고하고 퇴고하고
또 퇴고하니
가까스로 맑아진
퇴고한 사람 하나 있어

시인

하지만 오늘 밤은
그와의 마지막 이별
가장 힘든 퇴고는
별 하나를 만들어

시

홀로 가벼이
밤하늘에 오른다

독 도

첫 파도가
시작된
그때부터

천만 년쯤
바다의 친구
나는 바위섬

누군가
종이에 그려
나를 가졌다는 소식에
파도와 나는 웃었습니다

가 면

무의식의 바다에

떠다니는
대화의 파편과
낯선 사건의
불연속 파도가
몰아치는 난파

더욱이
저 깊은 심연
어둠에서 솟구치는
예상치 못한
우발적 역류는

날카로운 비수 되어
나에게 날아올 때
힘겨운 자책이 되고
타인을 향할 때
찰나의 분노가 된다

그렇게
잔잔한 바다의 실상은
무질서를 감싼 껍데기
누르고 누르지만
어느새 올라와 있는
나도 모르는 내가 낯설다

눈먼 나신의 휘청거림에
위로가 있기를 소망한다
따뜻하고 부드럽게…
하지만 그마저 심연으로 가라앉고
바다는 또 잠이 든다
모든 걸 잊고

다시 아침 거울에 서 있는
익숙한 얼굴의 페르소나
그리고 그 뒤에 숨은 또 다른 나
누가 나인지 나도 알 수가 없다

기 둥

서 있는 기둥을
사이에 두고
무심코 스치는
우리 두 사람의
발걸음 따라

가까워질수록
만난 듯 못 만난 듯
가리어짐의
묘한 심술

우리 둘이라 하니
미련마저 다정한
그림자는 누굴까?

아마도
나와 가장 가까운 사람인 너

그대
다가오나요

나와가장가까운사람인너
나와가장가　운사람인너
나와가장　　　사람인너
나와가　　　　람인너
나　　　　　　너

홍 시

가을 햇살 드리운
여각 뒤뜰에

홍시
태양의 소실점
햇살 마침표

회색 담벼락 높이
고운 홍색은
차곡차곡 담겨있는
태양의 밀도

까치도 탐내는
달콤함의 속살은
정성 들여 빚어낸
태양의 모정

가지 끝 휘어
조금 더 다가온 너는

누군가 널 아꼈던
하늘 소식 전령사

작년 가을 햇살 되신
그리운 할머니 소식

안개 정사

굳이 내 눈을 맞출 필요는 없어요
이제 나는 안개가 되어
사랑하는 당신을 안을 테니까요
온전히 당신을 갖기 위해
나는 하얀 안개가 될 거예요

당신 안으로 들어가 호흡 할 때면
당신의 숨소리도 하나가 됩니다
느린 소울 재즈의 리듬처럼
흐느적거리다 흩어지고 맺혀지는
그 사이에 시간은 사라지고
우린 밤의 은하수로 들어갑니다

별의 빛 하나가
발끝에서 머리끝까지
빠르게 길을 만들고
전율은 빛의 끝자락을 따라
천천히 올라옵니다

어느새 당신도 안개가 되었군요
보랏빛 안개 당신만의 향기
우린 서로의 모든 것을 느끼고
밤의 선율만 남긴 채
홀연히 흩어지겠지요

연보라 물망초 한 송이 남긴
잊을 수 없는 안개 정사
흩어진 연인

낙 엽

깊은 산 가을 잎
빙글 떨어지는
궤적의 끝은
부드러운 착지

내린 곳은 다스한 흙
모두의 본향
스르르 흙에 녹아
생명이 된 너는

겨울
바람의 삭도
남김없이 비워낸
앙상한 나목의
힘든 호흡을 감싸고

맞서지 않는 순리로
동토를 견뎌내고
어둠을 인내하다

사랑스런 봄으로
나목의 새잎으로

환-생-하-리-라

연두색 새 옷 입고
더 예쁘게
지혜로다 낙엽이여
그 비움과 낮아짐에 대하여

피 서

붉은 해가 솟으면
버닝 장군의 뜨거운 공격이
도시를 향해 다시 시작되고

이에 맞서는 쿨 대위는
최후의 방어선에
냉각 수비대를 총동원하여
적의 공격에 맞서지만

갈수록 강해지는 버닝의 화력은
마침내 38도 꽈이야~
아스팔트가 녹으려는
절체절명의 순간

홀리데이 총사령관이
지친 시민들에게
적의 공격에 맞서지 말고
산으로 바다로 계곡으로
작전상 후퇴를 외치니

시민들은 야호~
돼지고기 몇 근 끊어서
가족끼리 친구끼리
도시를 탈출한다

스 아

퇴근길 편의점
출출한 속 달래려
손길 따라 집어 든
스니커즈 아몬드

푹 깨문 첫입에
설탕 다섯 배
아놔~ 이건 아냐
잘못 골랐어

퇴근길 편의점
스니커즈 아몬드
그저께도 그랬던
이상한 물건

무 제

선지자가
기도하며 운다

그 눈물이 귀로 들어와
내 눈에서 나온다

그가 왜 우는지
알겠다

시간이 시간이
다 되어간다

무제 1

재개발 지역
꼬부랑 할머니의
끄트머리 땅에도
시멘트가 발린다

눅눅한 폐지에 핀
곰팡이도 재개발이 되면
민들레 홀씨 되려나

할미 무덤 찾아
홀홀 날아가려나

무제 2

상다리가
부러지고 나서야

머리를
깊숙이 숙이고
바닥 식사를 한다

그래도
회한보다 더 큰
배고픔을 달래주는
밥 한 덩어리가 고맙다

무제 3

새벽이
밤에 묻혀있을 때
전화가 온다

어머니의 목소리
나는 괜찮아

밤으로
내 눈물이 스미고
어둠에서 새벽이 나온다

무제 4

마차를 타고
산에 들어간다

무감한 나는
산에 갈 이유가 없다
말이 부적응자를 데려가고 있고
난 뛰어내릴 용기도 없다

나를 야생마로
키울 생각인가 보다

무제 5

삶의 끝으로 가면서
괜찮아 참을만해

끝을 넘어서면
참을 필요 없어 괜찮아

우리네 삶은 언제나
괜찮은 거다

제4장 · 시인의 언어

물 결

펴 낸 날 2025년 6월 23일

지 은 이 송근호
펴 낸 이 이기성
기획편집 이지희, 서해주, 김정훈, 최인용
표지디자인 이지희
책임마케팅 강보현, 이수영
펴 낸 곳 도서출판 생각나눔
출판등록 제 2018-000288호
주　　소 경기도 고양시 덕양구 청초로 66, 덕은리버워크 B동 1708, 1709호
전　　화 02-325-5100
팩　　스 02-325-5101
이 메 일 bookmain@think-book.com

· 책값은 표지 뒷면에 표기되어 있습니다.
　ISBN　979-11-7048-891-0(03810)

Copyright ⓒ 2025 by 송근호 All rights reserved.
· 이 책은 저작권법에 따라 보호받는 저작물이므로 무단전재와 복제를 금지합니다.
· 잘못된 책은 구입하신 곳에서 바꾸어 드립니다.